SOLIDARITE
des Villes et des Campagnes.

LA VIDANGE

ET

LES ENGRAIS

par

UN AMI DE LA NATURE.

---

30 centimes

Tout vit de mort...	Rien ne se perd, tout se retrouve..
BUFFON.	BERN. DE St-PIERRE.

Imprimerie et Librairie de Jules Petit, rue Basse, 54.
1871

AVIS DE L'ÉDITEUR

Le bon Horace recommandait à ses amis de rechercher l'utile et l'agréable. *Utile dulci.*

L'auteur de ce petit livre paraît vivre dans ces conditions.

L'école des utilitaires semble l'avoir inspiré; à la manière de présenter son sujet, on reconnaît le méthode de Jenner, de Ricardo et de Jérémy Bentham : *Multa paucis.* Beaucoup en peu de mots.

Cet opuscule qui, peut-être, ne serait pas indigne d'un académicien, sera lu par tous ceux que la matière intéresse, et ils sont nombreux.

Nous le recommandons aux propriétaires, aux cultivateurs et aux conseillers municipaux.

Chacun y trouvera des idées saines.

ENCOURAGEMENT A L'AGRICULTURE

Lorsque le maréchal de Vauban écrivait son Livre sur la Dîme Royale, il songeait surtout au sort des pauvres campagnards dont il avait vu de près les souffrances. Elevé rustiquement par les soins d'un pauvre prieur de Sémur, il n'oublia jamais les compagnons de son enfance.

Le maréchal Bugeaud, le Cincinnatus de notre temps, disait que sa plus glorieuse campagne était celle qui lui avait permis de transformer le domaine d'Exideuilles et de faire du sol le plus ingrat la terre la plus productive.

Dans ces jours d'épreuves, le soldat vaincu va se retremper aux rudes labeurs des champs et demander au travail journalier la gloire que lui aura refusé le sort des armés.

Ce sont les bras du laboureur qui vont acquitter la dette publique, car il faut bien reconnaître que les productions de la terre sont les seules et vraies richesses chez une nation.

Que serait l'Industrie manufacturière, le Commerce et la Marine sans l'Agriculture? Rien! absolument rien!

On ne saurait donc trop encourager cette Mère nourricière et lui prodiguer tous les soins qu'on doit à ce qui nous donne la vie.

Il appartient à des hommes favorisés de la fortune, éclairés par l'expérience et la pratique, honnêtement dévoués aux intérêts de leur pays, de diriger ce mouvement d'encouragement vers les campagnes qui ont tant souffert et tant sacrifié. C'est une grande tâche à remplir, mais facile en France pour des gens de cœur: Les Vauban, les Bugeaud ont des successeurs.

L'honorable M. Drouyn de L'Huys, dont les lumières sont à la hauteur du dévouement, vient d'obtenir déjà un résultat qui doit en amener d'autres non moins essentiels. Après la graine pour ensemencer la terre viendront les engrais pour la fertiliser; là est une question bien capitale qui a souvent occupé les meilleurs esprits.

Qu'il nous soit permis de nous y arrêter quelques instants.

La fabrication et la vente des engrais, n'en déplaise à la liberté du commerce, doivent être réglementées.

C'est un odieux trafic que la falsification; le prix des engrais destinés à l'amendement des terres ne doit pas être trop élevé.

La Belgique, la Hollande et l'Allemagne, sous l'impulsion des études du savant Liébig, se préoccupent sérieusement de cette question. Espérons que dans notre région du Nord elle ne sera pas négligée.

Ces questions, à l'heure qu'il est, sont du domaine de la République, et c'est au nom de la Démocratie qu'on peut y faire appel.

Un nouveau Monopole profitable
à la Société

Pendant que les partis en politique se disputent la suprémat'e, la campagne plus modes'e demande aux villes, non pas précisément les lumières de la science gouvernementale, mais des produits beaucoup moins inodores pour fertiliser la terre et préparer de bonnes récoltes.

Nous avons avancé que la question des engrais se réduisait à des garanties quant à la qualité et à la nécessité de les livrer au cultivateur au plus bas prix possible.

Cette triste et malheureuse année devait justifier ces dispositions économiques et sages !. .

Voici les prix actuels des divers engrais :

Guano du Pérou, garanti à 12 0/0 d'azote, fr. 35 à 38
Tourteaux de graines oléagineuses . . » 30 à 36

Sels pour composte . . . . fr. 28 à 35

Chaux vive, engrais Franklin. . . . . 4 à 5

les 100 kil.

Quant à la qualité, l'usage seul en fait foi.

Ce genre d'industrie et de commerce laissé à la libre concurrence sera toujours plus ou moins compromettant pour la culture.

Le Guano du Pérou devenu rare par suite des tremblements de terre, se mélange même aux lieux d'embarquement soit avec de la terre ou des détritus calcinés. Nos cultivateurs du Nord ont été trop souvent rançonnés par des charlatans étrangers, pour ne pas désirer des garanties. Le monopole confié à une régie peut seul les satisfaire.

Quand on réfléchit au préjudice général que peut causer l'usage des mauvais engrais dans la culture, au bien qui résulte de l'emploi des bons, on admet facilement une réglementation presqu'absolue pour la fabrication et la vente de ces matières.

Admettons que sous la protection d'une loi générale ou d'une disposition locale on organise à Lille pour

toute la région, une sorte de régie pour la fabrication
et la vente des engrais, régie qui n'empêcherait pas,
bien entendu, le cultivateur de faire ce qu'il lui plai-
rait pour sa propre exploitation; qu'adviendrait-il ?

Organisée assez grandement pour s'entourer des
lumières de la science, on fabriquerait dans les meilleures conditions possibles et l'on vendrait au cultivateur à prix réduits, ce qui serait un bienfait incalculable
pour notre région.

Il est bien reconnu que pour nos contrées rien ne
prime comme engrais fertilisants, les matières fécales
vertes et composées.

Il faut lire à ce sujet les considérations émises par le
savant Liebig dans son livre intitulé: Les Lois
naturelles de l'Agriculture; il faut con-
sulter les leçons de M. Will, à Vincennes; celles
de M. Gaussin, à l'Institut agronomique de Beau-
vais, et les Frères de la Doctrine Chrétienne qui
dirigent avec tant de zèle et de talent la ferme de
l'Institut.

Ici, surgit cet échange entre les villes et les campagnes pouvant si bien se réaliser du jour où une régie solidement établie voudra s'en occuper.

Qu'on relise attentivement les motifs de la loi de 1866 qui eut pour rapporteurs MM. Lestiboudois, Dumas et autres savants, et l'on verra si cette loi très laborieusement élaborée, pouvait réellement prévenir les abus et les dangers que nous avons signalés. On reconnaîtra que cette loi se noie dans des minuties qui en rendent l'application illusoire.

Une régie par zône, pouvant disposer des lumières de la science et de tous les moyens à la portée d'un grand établissement, amènerait cette simplification nécessaire en bonne économie et serait plus efficace assurément, en pareil cas, qu'une loi si compliquée dans ses attributions.

En prônant ce système qui peut bien ne pas être du goût de tout le monde, nous avons la certitude qu'il doit profiter à l'**Agriculture**, à l'**Industrie**, au **Commerce** et à la **Marine**.

Dans tous les cas, nous avons pour excuse une bonne intention.

Prononcer le mot monopole, c'est s'exposer aux sarcasmes des Free Traders et de leurs partisans; cependant l'école de Cobden sait mieux encore que ses adeptes en France, que le monopole seul, aussi bien que la loi, peut régler et régulariser une situation tendue. En politique comme en diplomatie, on ne balance pas à user du monopole de la force pour atteindre un but déterminé, pour obtenir des résultats prévus et calculés. Pourquoi n'en serait-il pas de même en économie politique?

Revoyons un peu ce qui s'est fait en d'autres temps pour les tabacs.

De 1798 à 1810, la culture et la fabrication du tabac étaient entièrement libres. Un monopole s'établit et pour causes. Les causes principales les voici. Nous ne croyons mieux faire que de les étudier et de les reproduire suivant l'examen des revenus publics par M. le marquis d'Audiffred, le financier dont la France s'honore à juste raison et qui a toujours témoigné les plus grandes sympathies à l'égard de notre région septentrionale:

Pendant les douze années du régime de liberté qui a existé en France pour la culture et la fabrication des tabacs, on a reconnu par des documents irrécusables, que les consommateurs payaient plus cher, qu'ils étaient plus mal servis et que l'Etat recueillait à peine, à grands frais, une recette de 15,000,000. La régie, au contraire, est parvenue en abaissant son prix de revient par les puissants moyens de ses manufactures, à satisfaire tous les goûts par un prix modéré qui, en 1839, procurait annuellement au Trésor, un produit brut de 90,000,000, et un bénéfice net, de plus de 64,000,000.

On sait dans quelle proportion le produit et le bénéfice se sont accrus jusqu'à ce jour.

Il demeure donc évident que la liberté si vivement réclamée, n'aurait eu d'autres résultats que de fonder le droit exclusif de la richesse particulière à la place de celui de la richesse publique et de priver la Société des bienfaits de la qualité, du bas prix et d'un revenu considérable qui est bien plutôt un bénéfice d'exploitation qu'un impôt, puisqu'il représente un tribut volontaire payé pour une fantaisie, et nous dirions volontiers pour une mauvaise habitude, s'il n'était aussi productif.

Si on a pu favoriser par un monopole une mauvaise habitude, pourquoi ne ferait-on pas de même pour un produit nécessaire et de premier ordre en culture?

Ce que nous disons s'adresse aux hommes de raison qui, en toutes choses, tiennent compte des différences et des distinctions et qui, par conséquent, ne dictent pas, en économie, une opinion préconçue en faveur de l'intérêt personnel.

Nous nous serions incliné devant une loi qui, dans son application, eût satisfait aux justes exigences des cultivateurs en réprimant les abus, la falsification et la fraude. Mais comme nous l'avons dit, celle de 1866 si laborieusement élaborée par des savants, est impuissante et même impraticable. Il faut au cultivateur des garanties positives, pratiques, et non des leçons de chimie que le temps et les fatigues du métier ne lui permettent pas de digérer

Aujourd'hui a question se borne aux conditions suivantes :

Engrais divers dont les propriétés sont appréciées en conseil pas la science et livrés au cultivateur au plus bas prix possible.

A notre sens, l'intervention de l'Etat ou de l'autorité locale, peut seule atteindre ce but, et ce but sera obtenu par un monopole bien combiné.

Si une loi générale pouvait assimiler la fabrication et la vente des engrais aux tabacs, aux poudres, au timbre et aux cartes, cela serait bien, puisque cela serait utile. Le législateur, d'accord avec l'administration, peut seu pressentir les difficultés d'une telle mesure.

Mais les villes, dans un certain rayon, pourront toujours coopérer à l'existence d'un monopole profitable à tous les intérêts.

Si la France républicaine veut s'occuper sérieusement d'économie et d'améliorations de toute nature, dans l'intérêt des villes et des campagnes, elle ne peut mieux faire que d'étudier l'histoire des Etats-Unis depuis l'émancipation jusqu'à nos jours. Il y a là d'excellents enseignements et bien des choses à imiter par analogie, bien entendu, les causes d'existence et de progrès n'étant pas les mêmes. Malgré notre admiration pour les républicains d'outre-mer, nous ne croyons pas que les Français soient destinés à leur ressembler.

L'Américain pur sang est austère dans ses principes; grand, large et généreux dans la fortune; patient, énergique, tenace dans les revers.

Le Français, comme l'observe Duclos dans ses appréciations techniques et philosophiques, est toujours un peu, quoiqu'il arrive, ce que Jules César disait du Gaulois: atrox et levis : léger surtout.

A cette heure, en république, abandonné à ses propres forces pour se gouverner, peut-être va-t-il réfléchir et s'amender !...

Les grandes cités, en Amérique, sont remarquables par leur esprit d'ordre et de salubrité; rien de plus prévoyant et de plus occupé sous ces rapports que les commissions municipales.

L'Américain du Nord aime sa ville comme il aime

sa maison. Aussi rien de plus parfait que l'emploi des
capitaux budgétaires pour développer et embellir les
villes. Et puis, rien de plus commun que de voir de
simples particuliers que la fortune et le travail ont
favorisé, établir à leurs frais des constructions splen-
dides et destinées aux conditions diverses et multiples
de la civilisation. Ici, ce sont des hôpitaux; là, des
bibliothèques, des collèges, des ponts, enfin, toutes
choses qui peuvent avoir un but d'utilité et de gran-
deur locales.

La ville de Chicago qui comptait, il y a 15 ans,
16,000 habitants, en compte aujourd'hui, dit-on,
300,000 et peut, par sa situation et toutes les res-
sources qu'elle possède, s'étendre encore et se développer.

L'édilité de cette ville n'a rien négligé pour l'assainissement et la propreté. On y retrouve, dit-on, les
usages et les habitudes hollandaises, les arrosements et
les peintures glacées y jouent un grand rôle.

La ville de Lille qui, elle aussi, a pris un si bel essor,
ne pourrait-elle pas s'inspirer un peu des mesures

adoptées chez la rivale de Boston et de Philadelphie
pour la salubrité?

Nous avons la certitude que le service des vidanges
ne se fait pas à Chicago et dans les grandes cités américaines comme il se fait à Lille. Là, les meilleurs
procédés économiques sont adoptés pour cette opération si souvent renouvelée.

La construction des fosses, nous assure-t-on, est en
parfaite harmonie avec l'utilisation des matières fécales
que l'on se garde bien de perdre et qu'on réserve à la
culture.

Les plaines qui environnent Chicago sont aujourd'hui
d'une fertilité luxuriante et c'est à l'emploi de ces
matières vertes ou composées, qu'il faut attribuer ces
résultats.

De même qu'en Hollande et chez nous, les prairies
sont réchauffées par la matière fécale souvent à l'état
liquide, et grâce aux nombreux canaux qui en facilitent
le transport et les approvisionnements, les villes ont
trouvé les moyens non seulement de couvrir leurs

dépenses de salubrité, mais de réaliser de grands bénéfices par la vente et la transformation des matières.

Les matières vertes se transportent sur des bateaux plats, et l'engrais composé, pressé ou réduit en tourteaux, donne lieu à un commerce étendu.

On nous assure que la ville de Chicago réalise 200,000 dollars par année par la vente de ses engrais.

Le commerce est libre aux Etats-Unis, mais on ne tolèrerait pas la falsification et la fraude des matières nécessaires à l'aménagement des terres. Le cultivateur peut payer cher, vu le bas prix des terres à cultiver; mais il a ses sécurités sous ce rapport. Malheur à qui tromperait en faisant le commerce des semences ou des engrais.

Du reste, comme en toutes choses utiles et importantes, les essais se font avec soin et les contrôles ne manquent pas, surtout dans les grandes exploitations; quant aux petits propriétaires ou tenanciers, ils agissent en commun: Il n'y a entre eux aucune rivalité.

En France, nous le disons avec peine, ce commerce ne sera utile et respectable que lorsqu'il sera mono-

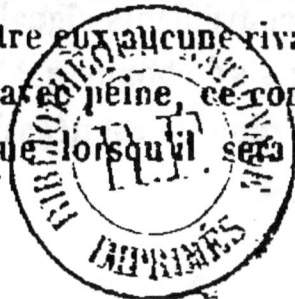

polisé soit par l'Etat ou par des compagnies traitant avec les villes.

L'idée que nous avons émise à ce sujet, mérite-t-elle attention ?

Quelque répugnance qu'on éprouve pour toute espèce de monopole, il faut reconnaître cependant que l'intérêt général est la loi suprême et que les faits ici parlent en faveur de l'exception.

Pourquoi ne pas livrer ces faits à une enquête sérieuse, comme cela s'est fait pour les tabacs en 1811, laissant à une commission spéciale le soin de se prononcer à cet égard ?

La proposition se résume comme suit :

La fabrication et la vente des engrais telles que cela se pratique dans nos contrées, peuvent-elles exister sans exposer la culture à des mécomptes et par conséquent sans nuire à l'intérêt général ? La loi de 1866, toute préventive qu'elle soit, peut-elle remédier aux inconvénients signalés et assurer aux campagnes des engrais de bonne qualité et à des prix raisonnables ?

Si la réponse est négative, nous persistons dans notre

conclusion qui consiste à placer sous la garantie d'un monopole la fabrication et la vente de ces utiles matières.

Notre région du Nord si intéressée au succès d'une telle mesure, ne pourrait-elle pas la solliciter?

Nos comices et nos sociétés d'Agriculture sont, à cet égard, des juges compétents.

Quelques essais faits à Lille, depuis deux ans, au moyen d'un système de vidange perfectionné, peuvent déjà servir de critérium à une combinaison plus complète et qui s'harmoniserait parfaitement avec la fabrication des engrais composés.

Les vieilles routines concernant cette opération à Lille, doivent disparaître pour faire place à des mesures plus actives et plus simples.

Le système atmosphérique par le vide, est pratiqué partout à l'étranger et sera généralement adopté à Lille, lorsque la municipalité voudra s'en occuper, imposant à cet effet des réglements uniformes et d'intérêt public.

Lorsqu'on considère l'importance de nos cultures et

leur variété, la somme énorme que comporte l'emploi des matières fertilisantes, on peut, comme dans les villes des Etats-Unis, se livrer à des calculs sérieux en fait d'économies et les réaliser par les meilleurs procédés.

S'il en existe un meilleur que le monopole, qu'on s'empresse de l'adopter, car sous ce rapport tout reste à faire.

Nous livrons avec confiance cette proposition à qui de droit et nous croyons le moment opportun pour le discuter, espérant une décision digne de notre temps et de notre intelligence.

Un Monopole organisé par les soins de la ville de Lille, pour le service des Vidanges, la fabrication et la vente des Engrais.

Si les services échangés entre la ville et la campagne sont manifestes et dans de bonnes conditions, c'est bien dans l'arrondissement de Lille.

Si les paysans fournissent aux citadins les denrées alimentaires pour leur existence, ceux-ci leur procurent le travail qui toute l'année et surtout en hiver est si profitable à la famille.

Est-il quelque chose de mieux en industrie que le tissage à domicile du lin et de la laine, usage bien préférable aux grandes fabriques qui agglomèrent des masses d'ouvriers et qui compromettent, plus ou moins, leur santé et leur moralité?

Faisons des vœux pour conserver chez nous, malgré

les exigences de la concurrence, ces petits ateliers de famille qui savent allier le travail industriel au travail des champs et tirer un si bon parti de leur situation. Ce genre d'industrie appelé patriarcale, fait le plus grand honneur à nos contrées et ne peut qu'appeler sur elles les bienfaits de toute nature.

Le monopole en question est une mesure d'utilité générale, et c'est pour cela que, nonobstant les préjugés et les préventions, il aura sa raison d'être.

L'administration municipale de la ville de Lille, en étudiant cette proposition, donnerait une nouvelle preuve de sa sollicitude en faveur des améliorations attendues de l'édilité et de la responsabilité des conseillers.

C'est en vue de voir se réaliser cette proposition que nous nous permettons ces aperçus.

Voici, selon nous, les motifs qui pourraient entrer dans un arrêté municipal, sauf les formules légales que l'usage a consacrées.

ARRÊTÉ :

Le Maire de la ville de Lille, sur l'avis du Conseil municipal, les commissions de salubrité et des bâtiments consultées, a pris l'arrêté suivant :

Attendu que l'agrandissement et les embellissements de la ville de Lille exigent de nouvelles mesures de propreté et d'assainissement ;

Attendu que la construction des fosses d'aisance, dans la plupart des maisons, laisse beaucoup à désirer;

Attendu que l'ancien mode pratiqué pour les vidanges, entraîne des inconvénients auxquels il faut remédier ;

La ville se charge désormais de faire surveiller cette opération par ses agents et de la régulariser par des réglements d'administration publique.

Tous les propriétaires seront tenus de réparer leurs fosses sur les indications arrêtées par les architectes de la ville et de les entretenir en bon état.

Par suite d'une convention passée entre la ville et la compagnie X..., propriétaire du système atmosphérique, pour le Nord et le Pas-de-Calais, tou es les fosses de la ville seront vidées par ce procédé prompt et économique.

La ville de Lille voulant faciliter aux cultivateurs l'em; loi des matières fécales si nécessaires dans nos contrées à l'aménagement des terres, s'est entendue avec ladite Compagnie pour l'établissement des dépotoirs hors barrières, sur des points appréciés, afin d'éviter aux cultivateurs les frais et la perte de temps pour s'approvisionner : Ce sera aussi dans l'intérêt de la circulation en ville et pour éviter les exhalaisons désagréables. Sur l'avis des comices et de la société d'agriculture de l'arrondissement de Lille, la ville a cru devoir encourager aussi la fabrication des engrais composés ayant pour principe essentiel le produit des fosses.

Elle a, à cet effet, passé un traité avec la compagnie X... lui assurant à titre d'immunités, le produit des vidanges, la direction des dépotoirs et la mise en valeur des matières recueillies dans les fosses.

Cette compagnie seule aura la fabrication des engrais

composés sous la direction d'un homme de science, agréé par la ville; elle sera soumise aux inspections et contrôles nécessaires qui, à cet égard, garantiront la bonne fabrication et les propriétés fertilisantes.

Monsieur le Maire, assuré des meilleures sympathies en faveur de ces mesures d'intérêt général, fait appel à la bonne volonté des propriétaires et à leur concours pour en faciliter l'exécution.

En échange des encouragements accordés à la compagnie, la ville de Lille percevra 50 0/0 dans les bénéfices réalisés. Cette compagnie sera en définitive, pour notre arrondissement, un véritable monopole.

Les bonnes matières vertes prises aux dépotoirs seront livrées à raison de 40 centimes l'hectolitre.

Les engrais composés soit en sac ou sous la forme de tourteaux, seront aussi livrés à des prix raisonnables.

Nous savons que de telles réformes sont difficiles à obtenir, et la raison c'est que nous aimons peu ce qui sort de nos habitudes ordinaires et que nous éprouvons presque de la répugnance lorsqu'il s'agit d'étudier dans son ensemble et ses détails un établissement qui

nous semble nouveau et qui, à première vue, peut
paraître compliqué dans ses modes d'application.

Cependant tous les gens de bon sens réclament
contre un travail journalier qui n'est plus en rapport
avec ce qui se fait à Lille. Est-il quelque chose de
plus désagréable pour les matineux que d'être asphyxié
chaque matin, de 4 heures à 8 heures, par les vidan-
geurs? et puis, on le sait, les maladies contagieuses
n'épargnent guères les grands centres où ne règne pas
une extrême propreté.

Nous croyons que le régime des eaux si essentiel en
hygiène, aurait beaucoup à gagner dans les mesures à
prendre au sujet des fosses et des vidanges.

L'opinion des médecins est unanime à cet égard.
Espérons que leurs rapports en feront justice.

Une compagnie dont les bases sont arrêtées, ayant
pour dénomination: *la Fertilisante*, sera en mesure de
traiter avec la ville et de l'aider à faire ce qui se fait à
la Haye, à Anvers et dans les grandes cités américaines.

Ce serait des revenus pour la ville de Lille, un bien-

fait pour les campagnes et un honneur pour les con
seillers et les propriéiaires.

Puisse la république réaliser bientôt ces grands
principes de solidarité et qui auront pour base, en
administration, l'économie!... Alors, nous pourrons
dire avec le poète latin:

Qued fuit durum pati, meminisse dulci est.

———

LA FABRICATION DES POUDRETTES

dans le département de la Seine.

Lorsqu'on veut faire accepter une idée pratique, il est toujours bien de procéder par comparaison.

Bien longtemps avant la maison Richer de Paris, on fabriquait à Montfaucon et à Boudy de la poudrette, et cette poudrette enrichissait les cultivateurs, les maraîchers surtout, et les intéressés dans ce genre d'industrie. L'auteur de ce petit livre a connu personnellement deux capitalistes à Paris qui, dans une société où ils avaient placé 25,000 fr. pour fabriquer la poudrette, s'étaient fait 50,000 livres de rentes.

A l'époque où le *Constitutionnel* et la *Gazette des Tribunaux* voyaient leurs actions s'élever à 30 fois et 100 fois leur valeur d'émission, la compagnie de Montfaucon voyait les siennes encore plus favorisées. Quelques savants tels que messieurs Agénor de Gasparin, Mathieu Domsbale et le baron Thénar, ont encouragé la fabrication des poudrettes.

Aujourd'hui, ce bon monsieur Liébig cherche tou-
ours dans ses dissertations scientifiques, à ramener
l'homme aux principes naturels, et de nos jours il
doit être écouté, car Dieu nous a tout enseigné dans
la création et nous allons quelque fois chercher bien loin
ce que nous avons sous la main.

La poudrette fabriquée avec les vidanges de Paris,
a toujours procuré aux Parisiens des légumes en
abondance et les plus beaux fruits.

Aujourd'hui la maison Richer qui réalise des bénéfices considérables par son organisation, procure de
grandes économies aux cultivateurs (1).

Le prix des engrais naturels tend à s'abaisser de
jour en jour dans les environs de Paris.

Cette compagnie Richer est tout un monde avec ses

---

(1) Les obligations sur lesquelles on n'a versé que
fr. 100 n'ont pas cessé, même au milieu des plus
mauvais jours, de valoir 310 à 350 francs: Elles sont à
cette heure à 345.

300 chevaux et son personnel; mais tout cela marche admirablement, grâce à l'esprit d'ordre et à la méthode administrative.

Si la ville de Lille se décidait à faire quelque chose d'analogue, elle n'a pas de meilleur modèle.

LA SCIENCE.

L'honorable M. Kullkmann, en 1849, faisait retentir la salle du Luxembourg de ses motions au sujet des engrais et des difficultés pour éviter la fraude et les falsifications. M. Payen et M. Moll appuyaient de toute leur autorité, les mesures indiquées par leur collègue.

Mais, à cette époque, en France, l'agriculture n'était pas éclairée comme elle l'est aujourd'hui, et tout était plus difficile à son sujet.

L'observation continue devait simplifier bien des

doutes, et nous croyons qu'en fait d'engrais et de leur emploi, il a été fait des erreurs même par des savants bien intentionnés.

La théorie des différences et des distinctions dont Bossuet a tiré un si grand parti dans l'ordre moral, se manifeste dans l'ordre matériel; la terre comme l'esprit humain a des conditions propres et toutes les nourritures ne lui conviennent pas au même degré.

Qui mieux que les hommes de la science peuvent apprécier les nuances et commander aux applications pratiques?

Dans le Nord, on fabrique beaucoup d'engrais pour la Bretagne. Pourquoi n'y fabriquerait-on pas de bons engrais pour ses propres terres?

La lumière doit se faire et elle se fera

www.ingramcontent.com/pod-product-compliance
Lightning Source LLC
Chambersburg PA
CBHW060816280326
41934CB00010B/2720